Jens

kann ab und zu etwas trotzig sein, ist aber ganz bei der Sache, wenn es darauf ankommt.

Lisa

zeigt gern, was sie alles weiß, und ist auch als beste Freundin unschlagbar.

Benni

ist manchmal etwas ungeschickt, hat dabei jedoch immer gute Laune.

Wir gehen in die Bibliothek

À la bibliothèque

Bibliografische Informationen der Deutschen Nationalbibliothek
Die Deutsche Nationalbibliothek verzeichnet diese Publikation in der Deutschen Nationalbibliografie; detaillierte bibliografische Daten sind im Internet über http://dnb.ddb.de abrufbar.

BiLi – Zweisprachige Sachgeschichten für Kinder
in der Kollektion OLMS junior

www.olms-junior.de

Wir danken den Verlagen und Rechteinhabern für die Erteilung der Abdruckgenehmigungen. Bei einigen Abbildungen war es trotz gründlicher Recherchen nicht möglich, die Inhaber der Rechte ausfindig zu machen. Die Ansprüche bleiben bestehen.

Illustrationen: Katja Kiefer
Übersetzung ins Französische: Françoise Hagedorn
Französisch-Lektorat: Huguette Gauthier
Gesamtgestaltung: Rafaela Nimmesgern, Hamburg
Druck und Bindung: Himmer AG, Augsburg

Printed in Germany

ISBN 978-3-487-08844-0

Wir gehen in die Bibliothek
À la bibliothèque

Roland Mörchen

Illustrationen von
Katja Kiefer

OLMS

So viele Bücher!

Benni war zum ersten Mal in der Stadtbibliothek. Schon am Eingang bekam er den Mund vor lauter Staunen nicht mehr zu. So viele Regale, so viele Bücher!
„Wie soll man hier das richtige Buch finden?“, fragte er.
„Um das zu erfahren, sind wir hier“, antwortete Frau Wette, die Klassenlehrerin. Die ganze Klasse 5b war für eine Doppelstunde gekommen.

„Mein Name ist Burg“, wurden sie von einer Bibliothekarin begrüßt. „Ich leite die Kinder- und Jugendbücherei in dieser Bibliothek und kümmere mich um die Leseförderung.“
„Wisst ihr noch, woher das Wort ‚Bibliothek‘ kommt?“ Frau Wette sah ihre Schüler der Reihe nach an. Lisa meldete sich wie so oft zuerst.
„Streberin!“, raunte Jens.
„Dann verrate du uns die Antwort!“, forderte Frau Wette ihn auf. Jens schaute nur verlegen auf den Fußboden. Giorgos streckte seinen Zeigefinger in die Höhe. Er hatte die Antwort schon gestern in der Schulstunde gewusst.
„Aus dem Griechischen“, sagte er.
„Bibliothek bezeichnet eine Sammlung von Büchern“, ergänzte Fatima.
„Merk dir das, Jens!“, rügte Frau Wette.

Tous ces livres!

C'est la première fois que Benni va à la bibliothèque municipale. Dès l'entrée, il reste bouche bée. Toutes ces rayonnages ! Tous ces livres !
« Comment faire pour trouver le bon livre, ici ? » demande-t-il.
« C'est exactement pour cela que nous sommes ici », répond Mme Wette, la prof principale.
La 5ème b est venue à la bibliothèque pour deux heures.

Une bibliothécaire vient les accueillir : « Je suis Madame Burg. Je suis responsable de la section enfants et jeunes et je suis chargée de la promotion de la lecture. »
« Est-ce que quelqu'un se souvient d'où vient le mot bibliothèque ? » demande Mme Wette en regardant ses élèves tour à tour. Comme d'habitude, Lisa est la première à lever le doigt.
« Fayotte ! » murmure Jens.
« Eh bien, vas-y Jens, donne-nous la réponse ! » réplique Mme Wette.
Mais Jens baisse les yeux.
Giorgios lève le doigt le plus haut qu'il peut. Il connaît la réponse et il la savait déjà hier, en cours.
« Ça vient du grec », dit-il.
« Le mot bibliothèque désigne une collection de livres », ajoute Fatima.
« Prends-en note, Jens », lui dit Mme Wette sur un ton de reproche.

Nachdem alle die Mäntel und Schulranzen in Schließfächern verstaut hatten, teilte Frau Burg mit Frau Wette einen Rallyebogen aus, auf dem mehrere Fragen standen. Unter jeder Frage gab es leere Zeilen zum Ausfüllen.
„Das riecht gefährlich nach Test“, meinte Jens.

Die Bibliotheksrallye

„Der Rallyebogen führt euch durch alle Bereiche unserer Bibliothek, so dass ihr sie richtig gut kennenlernen werdet“, erklärte Frau Burg. „Solltet ihr bei der einen oder anderen Frage auf dem Rallyebogen Probleme haben, könnt ihr euch jederzeit an mich oder an einen meiner Kollegen hier in der Bibliothek wenden. Wir helfen euch gerne weiter. Wenn ihr alle Fragen beantwortet habt, treffen wir uns oben im Veranstaltungsraum“, Frau Burg zeigte in Richtung einer großen Treppe. „Und nun viel Spaß und viel Erfolg!“

Le rallye bibli

Une fois que tous les cartables et les manteaux sont rangés dans les consignes, Mme Burg et Mme Wette distribuent aux élèves un questionnaire pour un rallye. Sous chaque question on a laissé de la place pour la réponse.
« Ça sent l'interro à plein nez », dit Jens.
« Ce rallye va vous conduire dans tous les rayons de notre bibliothèque, ce qui vous permettra d'apprendre à bien la connaître », explique Mme Burg.
« Si vous avez des difficultés pour répondre à l'une ou l'autre question du rallye, n'hésitez pas à vous adresser à mes collègues ou à moi. Nous nous ferons un plaisir de vous aider. Quand vous aurez fini de remplir le questionnaire, rejoignez-nous dans la salle de réunions au premier étage », dit Mme Burg en montrant un grand escalier. « Bonne chance et que le meilleur gagne ! »

Bevor es losging, erklärte Frau Wette ihren Schülern noch, dass sie sich leise verhalten sollten, um die anderen Bibliotheksbenutzer nicht zu stören. Und das Pausenbrot sollten sie erst später essen, weil sie sonst die Bücher beschmutzen könnten. Die Schüler bildeten Dreiergruppen – natürlich machten sich Lisa, Jens und Benni gemeinsam auf den Weg durch die Bibliothek.

„Ihr löst die Fragen und ich schreibe eure Antworten auf“, meinte Jens.
„Du machst viel zu viele Fehler“, winkte Benni ab. „Ich schreibe!“
„Jens kann ja erst einmal die Schülerhilfen suchen“, lachte Lisa.
„Am besten den Band für Deutsch.“
Jens fand das gar nicht witzig.

Es geht los!

C'est parti !

Pour commencer, Mme Wette explique à ses élèves comment ils doivent se comporter pour ne pas gêner les autres usagers de la bibliothèque. Elle leur recommande aussi de manger leurs sandwichs plus tard pour éviter de salir les livres. Les élèves se répartissent en groupes de trois – Lisa, Benni et Jens décident de découvrir la bibliothèque ensemble.

« Vous cherchez la solution, et moi j'écris les réponses », propose Jens. « Tu fais trop de fautes », objecte Benni. « C'est moi qui écris ! » « Jens, tu peux chercher les manuels scolaires de base », dit Lisa en riant. « Commence par un livre de soutien orthographique. » Mais Jens n'apprécie pas ce genre de plaisanteries.

Benni las die erste Frage vor: „Was ist ein Leseausweis und wie bekommt man ihn? – Das sind ja *zwei* Fragen!“
„Zwei Fragen in einer!“, urteilte Lisa.

„Also, das ist so“, Jens holte tief Luft: „Ohne Ausweis keine Buchausleihe! Die auf dem Buch klebende Nummer wird am Ausleihtresen eingescannt, genau wie deine Benutzernummer auf dem Ausweis. So weiß man, welches Buch von wem ausgeliehen worden ist.“
„Aber wie kriege ich nun den Ausweis?“, hakte Benni nach.
„Du fragst nach einem Anmeldeformular. Das muss dein Vater oder deine Mutter unterschreiben. Dann stellt man dir hier den Ausweis auf deinen Namen aus“, erklärte Jens und hielt den beiden stolz seinen eigenen Leseausweis unter die Nase.
„Du machst dich, Jens!“, lobte Lisa.
„Toll!“, staunte auch Benni. „Und woher weiß ich, wann ich das Buch wieder zurückgeben muss?“

Zwei Fragen in einer!

„Das weiß man eben“, meinte Jens.
„Mensch, Jens! Bei der Ausleihe erhältst du doch einen Ausdruck mit dem Datum der spätesten Rückgabe“, erklärte Lisa. „Ein Buch darfst du vier Wochen behalten.“
„Danach kannst du es auch verlängern“, fügte Jens schnell an. „Ich weiß eben doch so einiges!“

Pas de carte, …

Benni lit la première question :
« Qu'est-ce qu'une carte de lecteur et comment s'inscrire ? – Mais il y a *deux* questions ! »
« Deux questions en une ! » répond Lisa.

« Bien, écoute ! Pas de carte, pas de livres ! Le numéro étiqueté sur le livre est lu par un scanner, de même que ton numéro de lecteur indiqué sur ta carte. De cette manière on sait toujours qui a emprunté quel livre », explique Jens d'un trait.
« Oui, mais comment s'inscrire ? » insiste Benni.
« Tu demandes une fiche d'inscription, tu la fais signer par ton père ou ta mère, ensuite la bibliothèque te délivre une carte de lecteur à ton nom », explique Jens qui exhibe fièrement sa propre carte.
Lisa le complimente : « Tu n'es pas encore tout à fait perdu, Jens ! »
« Super ! » dit Benni impressionné lui aussi. « Et comment peut-on savoir quand on doit rapporter ses livres à la bibliothèque ? »
« On le sait, c'est tout », affirme Jens.
« Enfin, Jens ! » intervient Lisa. « Quand tu empruntes un livre, on te donne une fiche de prêt sur laquelle est mentionné le délai à respecter. Pour les livres, c'est quatre semaines. »
« Mais on peut aussi prolonger le prêt », se dépêche d'ajouter Jens. « Je m'y connais ! »

… pas de livres

Ein Merkblatt … …hilft weiter

Was geschieht, wenn du die Leihfrist überziehst?", wollte Benni wissen.
„Jetzt wäre ein Merkblatt gut", meinte Lisa.
„Selbst ist der Mann!", rief Benni. „Wir fragen an der Infotheke nach."

„Wenn ihr ein Buch nicht rechtzeitig zurückbringt, müsst ihr eine Mahngebühr bezahlen", erläuterte der Bibliothekar an der Information.
„Mein schönes Taschengeld!", seufzte Benni.
„Am besten ist es, du gibst ausgeliehene Dinge immer pünktlich zurück."
„Und wenn die Bibliothek gerade geschlossen hat?"
„Deshalb solltest du unbedingt unsere Öffnungszeiten kennen!" Der Bibliothekar reichte ihm ein Merkblatt.
„Dort steht es ja: Diese Bibliothek ist dienstags bis freitags von 10.30 Uhr bis 18 Uhr und samstags von 10 Uhr bis 13 Uhr geöffnet", schrieb Benni ab.
Benni zählte die Tage nach. Sonntag ist Feiertag. Aber was war mit montags?
„Da bleibt unsere Stadtbibliothek für Benutzer geschlossen", wusste Jens.
„Und woher weißt du das?"
Jens wurde rot: „Ich wollte schon einmal montags ein Buch zurückgeben, aber die Türen waren zu …"

Et qu’est-ce qui se passe, si tu ne rends pas tes livres à temps ? » veut savoir Benni.

« Il nous faudrait le règlement intérieur de la bibliothèque », répond Lisa.

« Ne vous inquiétez pas. Je m’en occupe ! » s’écrie Benni. « Demandons à l’info. »

Règlement intérieur

Le bibliothécaire de l’info leur explique : « Si vous rapportez un livre en retard, vous devez payer une pénalité. »

« Mon pauvre argent de poche ! » soupire Benni.

« Le mieux, c’est de toujours rendre ses livres à temps. »

« Et si la bibliothèque est fermée ? »

« Il vaut mieux connaître les heures d’ouverture ! » dit le bibliothécaire en lui tendant un papier.

« On peut y lire : La bibliothèque est ouverte du mardi au vendredi de 10h30 à 18h et le samedi de 10h à 13h. » Benni en prend note. Il compte les jours. Le dimanche n’est pas un jour ouvrable. Et le lundi ?

« La bibliothèque est fermée au public le lundi », dit Jens.

« Comment tu sais ça ? »

Jens devient tout rouge. « Ça m’est arrivé de vouloir rendre un livre un lundi, et c’était fermé. »

Auf Buchsuche

Suche das Buch *Pippi Langstrumpf*!‘, hieß es nun auf dem Rallyebogen.
„Folgen wir der Hinweistafel!“, meinte Benni. „Was steht da? Geschichte, Musik, Religion, Naturwissenschaften ... und jedes Fachgebiet ist mit einem anderen Buchstaben gekennzeichnet: E für Geschichte, S für Musik. Alles wird dann noch in Sachgruppen unterteilt.“
„So machen es alle öffentlichen Bibliotheken.“ Jens wusste es von seinem Onkel aus Berlin. „Da hinten stehen übrigens auch Romane.“
„Ja, aber für Erwachsene“, wandte Lisa ein.

„Warum laufen wir nicht den anderen hinterher?“, fragte Jens.
„Weil nicht alle den gleichen Titel suchen“, wusste Lisa.
„*Pippi Langstrumpf* ist ein Kinderbuch“, überlegte Benni.
„Hier habe ich einen Lageplan der Kinder- und Jugendbücherei.“
„Woher hast du den denn?“, staunte Jens.
„Von der Auslage am Eingang mitgenommen. War doch klug von mir, oder?“
„Und, du Schlaukopf, wohin müssen wir gehen?“
„Dorthin!“, Benni zeigte in Richtung eines einladend gestalteten Torbogens, durch den Bilderbücher in vielen Farben sichtbar waren.

Suivons les panneaux !

La feuille de rallye indique : ‹ Cherche le livre *Fifi Brindacier* ! ›
« Suivons les panneaux ! » dit Benni. « Voyons : Histoire, Musique, Religion, Sciences de la Nature ... Chaque matière est précisée par une lettre différente : E pour Histoire, M pour Musique. Ensuite, chaque matière est divisée en catégories. »
« C'est comme ça dans toutes les bibliothèques publiques », explique Jens. C'est son oncle de Berlin qui le lui avait expliqué. « Regarde ! là derrière il y a les romans. »
« Oui, mais les romans pour adultes », objecte Lisa.
« Pourquoi ne pas suivre nos camarades de classe ? » demande Jens.
« Parce que nous ne cherchons pas tous le même titre », répond Lisa.
Benni réfléchit : « *Fifi Brindacier* est un livre pour enfants. Nous avons un plan de la bibliothèque des enfants et des jeunes. »
« Où est-ce que tu as eu ça ? » demande Jens étonné.
« Je l'ai pris au guichet à l'entrée ; je suis malin, n'est-ce pas ? »
« OK, Monsieur Je-sais-tout, et maintenant ? »
« On continue par là », répond Benni en montrant du doigt un portail qui invite à entrer et laisse entrevoir de nombreux livres de toutes les couleurs.

Was bedeutet das?

„Wenn ich *Pippi Langstrumpf* nicht kenne? Was mache ich dann?“
Jens sah Benni herausfordernd an.
„Dann siehst du im Online-Katalog nach!“
Lisa zog Jens zu den Plätzen, an denen sie kostenlos im Computer nachsehen konnten. Für wenig Geld hätten sie sogar im Internet recherchieren dürfen. Lisa tippte den Titel in die Suchmaske ein. Alle Angaben zum Buch erschienen, auch die Signatur, die sich aus einer Zahl und einem oder mehreren Buchstaben zusammensetzt. Sie hilft, das Buch im Regal leichter zu finden, und lautete hier für diesen Titel 3d Lind.
Benni stützte seinen Kopf auf die rechte Hand: „Was bedeutet das nun wieder?“
Jetzt hatte Jens einen Tipp: „Schau mal auf deinen Lageplan! Siehst du, die Jugendbücher sind aufgeteilt in Erzählungen/Romane und Sachbücher und nach Lesealter geordnet. Dann gibt es Untergruppen wie Tiergeschichten, Märchen oder Krimis. 3d bezeichnet spannende Erzählungen.“

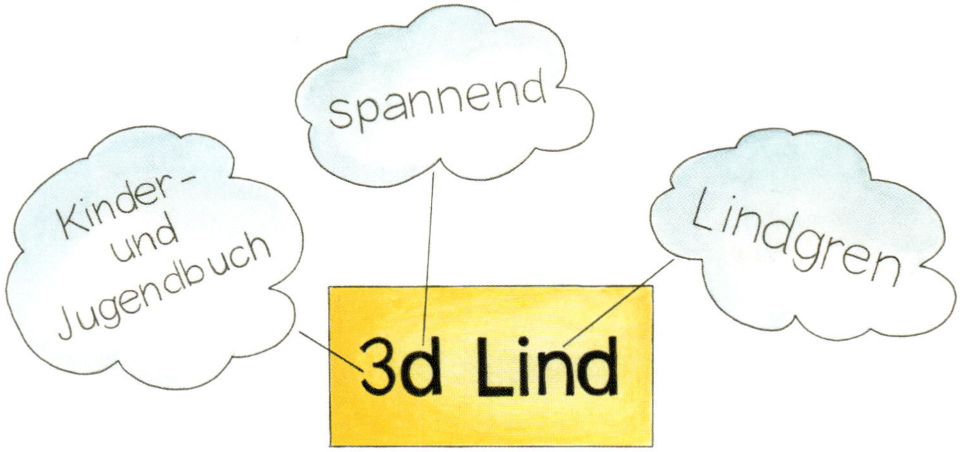

Un catalogue en ligne

Jens s'adresse à Benni avec un regard provocateur : « Et si je ne connais pas *Fifi Brindacier*, comment je fais ? » « Ben, tu regardes dans le catalogue en ligne ! » Lisa emmène Jens à l'ordinateur qu'on peut utiliser gratuitement. Ils pourraient même aller sur Internet pour pas cher. Lisa entre le titre dans le logiciel de recherche. Aussitôt toutes les données du livre apparaissent, y compris la cote qui se compose d'un chiffre et d'une ou plusieurs lettres. Cela permet de trouver plus facilement un livre dans le rayonnage. *Fifi Brindacier* porte la cote 3d Lind.
Benni pose sa tête sur son bras droit et soupire : « Qu'est-ce que c'est que ça ? »
C'est au tour de Jens de donner un conseil : « Regarde ton plan. Tu vois, les livres pour les jeunes sont répartis en récits/romans et documentaires, puis classés en fonction de l'âge des lecteurs. Ensuite, il y a des subdivisions comme celles des histoires d'animaux, de contes ou de romans policiers. Le 3d, c'est l'appellation pour les histoires à suspense. »

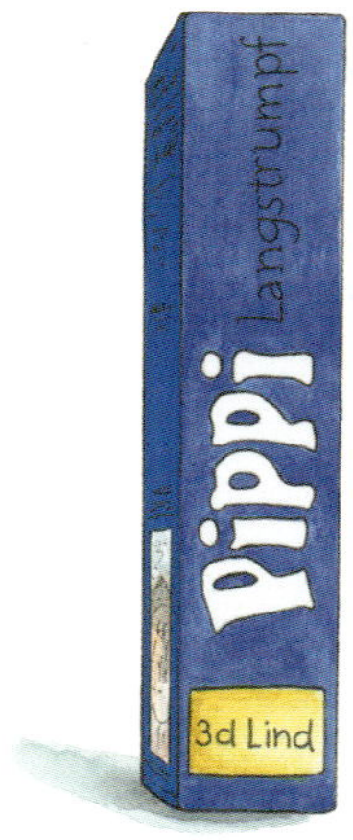

Vor dem Regal bemerkte Benni, dass sich auf mehreren Büchern die Signatur 3d wiederholte. Die Verfasser waren nach dem Alphabet sortiert. Unter Lind fanden sich alle Bücher von Astrid Lindgren. *Pippi Langstrumpf* war das erste in der Reihe. Jens wurde jedoch von einer Kiste abgelenkt. Sie stand weiter drüben zwischen bunten Sitzen, die den Beginn der Jugendbücherei markierten.
„Hey, da sind ja die Comics!", rief er begeistert. „Hoffentlich ist heute mal ein *Asterix* da!"
Heute hatte er Glück: ein einziger *Asterix*-Comic war nicht ausgeliehen. Jens nahm das Heft und ließ sich auf eine Couch fallen. Weit kam er mit dem Lesen nicht, denn Lisa und Benni zogen ihn gleich wieder hoch:
„Erst wenn wir alle Fragen beantwortet haben, kannst du es dir gemütlich machen!"

Jugendbücher und Comics

Livres pour jeunes…

Arrivé devant le rayonnage, Benni constate que la cote 3d s'applique à toute une série de livres ; les auteurs étant classés par ordre alphabétique. Tous les ouvrages d'Astrid Lindgren sont classés à la rubrique Lind. *Fifi Brindacier* est le premier de la rangée. Mais le regard de Jens est attiré par une caisse située un peu plus loin, entre les sièges de couleurs qui marquent l'entrée de la bibliothèque des jeunes.
« Ben, les voilà les BD ! » s'écrie Jens enthousiasmé.
« J'espère vraiment qu'aujourd'hui il y aura une BD d'*Astérix* ! »
Et oui. Jens a de la chance. Il n'en reste plus qu'une seule, la toute dernière qui n'avait pas été empruntée. Jens la saisit et s'affale sur l'un des canapés.
Mais Lisa et Benni ne lui laissent pas le temps de lire. Ils le tirent pour l'obliger à se remettre debout : « Eh, tu pourras lire en toute tranquillité dès que nous aurons répondu à toutes les questions ! »

…et BD

„Moment!“, widersprach Jens. „Habt ihr die nächste Frage denn nicht gesehen?“
Benni schaute nach: „Wo findest du Leseinseln?“
„Sage ich doch!“, triumphierte Jens. „Genau hier bei den Comics und Jugendbüchern.“
„Zählen die Kissen und Polster bei den Bilderbüchern und Spielen auch zu den Leseinseln?“, wollte Benni wissen.

„Bestimmt“, sagte Lisa.
„Diese Babys können doch noch gar nicht lesen“, wandte Jens ein.
„Aber sie können in den Büchern blättern und sich die Bilder anschauen.“
„Für mich ist das eher eine Spielecke.“
„Altes Spielkind!“, scherzte Lisa.

Un grand enfant

« Attendez ! » répond Jens. « Vous n'avez pas vu la dernière question ? »
Benni s'empresse de regarder : « Où se trouvent les espaces de lecture ? »
« C'est bien ce que je dis », fait remarquer Jens triomphant, « c'est ici – entre les BD et les livres pour la jeunesse. »
Benni veut savoir si les coussins et les tapis situés près des livres d'images et des jeux sont aussi des espaces de lecture.
« Certainement », dit Lisa.
« Mais les tout petits ne peuvent pas encore lire », objecte Jens.
« Non, mais ils peuvent feuilleter les livres et regarder les images. »
« Moi, je trouve que ça ressemble plutôt à une salle de jeux. »
« Regardez-moi ce grand enfant ! » dit Lisa pour narguer Jens.

Beim Weitergehen entdeckten die drei einen Bibliothekar, der gerade einige Bücher wieder ins Regal einsortierte. Benni wurde neugierig:
„Was machen Sie, wenn alle Regale voll sind?“
„Dann müssen wir anbauen“, lachte der Bibliothekar. „Aber so schnell werden die Regale nicht voll. Wir löschen Bücher auch wieder.“
„Wie die Feuerwehr?“
„So natürlich nicht! Wir nehmen veraltete und beschädigte oder selten ausgeliehene Bücher aus dem Bestand heraus und löschen die Einträge im Katalog. Die Bücher landen in unserem Flohmarktständer. Man kann sie dann für wenig Geld kaufen.“

Alles voll?

„Eigentlich sollte diese Frage auch auf dem Rallyebogen stehen“, meinte Benni.
„Die heben wir uns als Joker auf, falls wir eine andere Frage nicht lösen können“, schlug Jens vor.

Désherbage ?

Un peu plus loin, ils tombent sur un bibliothécaire en train de remettre des livres en rayon, ce qui éveille la curiosité de Benni : « Qu'est-ce qui se passe quand toutes les étagères sont pleines ? »
Le bibliothécaire ne peut s'empêcher de rire : « Alors, nous devrions ajouter des étagères. Mais elles ne se remplissent pas si vite. Nous pratiquons le désherbage. »
« Vous utilisez du désherbant ? »
« Bien sûr que non ! Nous éliminons de nos collections les livres trop vieux, détériorés ou rarement empruntés et nous les supprimons du catalogue. Ils deviennent ainsi des livres d'occasion qu'on peut acheter à bas prix à notre stand. »

Benni trouve que ce serait une question à mettre dans le questionnaire du rallye. « On la garde comme joker, s'il y a une question sur laquelle on sèche », suggère Jens.

Wörterbücher und Lexika

Jetzt aber schnell weiter zur nächsten Frage!“, drängte Lisa. „Welche Art Bücher findest du im Präsenzbestand?“
Der Bibliothekar zeigte ihnen den Weg. Sie gingen am Zeitschriftenbereich vorbei. Das Rascheln von Papier und leises Geklapper von Geschirr und Löffeln drang zu ihnen herüber. Trotzdem ging es ruhig zu: Die meisten Besucher lasen konzentriert in Zeitungen oder unterhielten sich leise bei einer Tasse Tee oder Kaffee, den sie an einer Theke bestellt hatten. Im großen Lesesaal im ersten Stock herrschte dagegen völlige Stille, denn hierher kamen die Besucher nicht nur zum Lesen, sondern auch zum ungestörten Lernen.

Nun kamen sie endlich zum Präsenzbestand. Da standen Wörterbücher und andere Nachschlagewerke, die in der Bibliothek immer ‚präsent‘, also vorhanden bleiben mussten. Niemand durfte sie ausleihen.
„Schau mal nach, was im Lexikon unter ‚Bibliothek‘ steht!“
Jens tat, was Lisa gesagt hatte, und Benni schrieb es auf: ‚Die Bibliothek ist ein Ort, an dem Bücher gesammelt, geordnet, bewahrt und verfügbar gemacht werden.‘

Dictionnaires et encyclopédies

Allez, quelle sorte de livres trouve-t-on dans les collections à consulter sur place ? » lit Lisa, pressée de passer à la question suivante. Le bibliothécaire leur indique la direction. En passant devant les stands des périodiques, ils entendent le froissement du papier et un léger bruit de vaisselle et de couverts. Mais dans l'ensemble tout est calme, la plupart des lecteurs sont plongés dans leur journal ou discutent à voix basse autour d'une tasse de thé ou de café qu'ils ont commandée au comptoir. En revanche, dans la grande salle de lecture, c'est le silence complet. En effet les usagers viennent ici non seulement pour lire mais aussi pour travailler en paix.

Les trois amis arrivent enfin au rayon des ouvrages à consulter sur place. C'est là que se trouvent les dictionnaires et autres ouvrages de référence. Personne n'a le droit de les emprunter, ils restent toujours sur place.
« Regarde dans le dictionnaire encyclopédique ce qui est indiqué à la rubrique ‹ bibliothèque ›. »
Jens fait ce que Lisa lui demande de faire et Benni écrit la définition :
‹ La bibliothèque est un lieu où sont rassemblés, conservés et classés des livres mis à la disposition du public. ›

Von der Bibliothek …

Jens war mit der Antwort nicht zufrieden: „Wenn es in der Bibliothek nur Bücher gibt, wieso steht dann hier eine Frage nach CDs und DVDs?“
„Auch Zeitschriften sind keine Bücher!“, bemerkte Benni.
„Heute gibt es eben viel mehr Medien als in früherer Zeit“, erklärte Lisa.
„So wird die Bibliothek zur Mediathek.“
„Was Lisa alles weiß!“, staunte Benni.
„Und ich weiß, dass ich jetzt nach Computerspielen suche“, grinste Jens.
„Das kannst du nach der Schule machen“, wandte Lisa ein. „Für den Rallyebogen brauchen wir noch die Signaturen der CD *Peter und der Wolf* und der DVD *Die Konferenz der Tiere*.“
„Sieh doch im Computer nach“, gab Jens gelangweilt zurück.

… zur Mediathek

De la bibliothèque…

…à la médiathèque

Mais Jens n'est pas satisfait de la définition. « S'il n'y a que des livres dans une bibliothèque, pourquoi y a-t-il une question sur les CD et les DVD ? »

« Les périodiques ne sont pas des livres non plus », fait remarquer Benni.

« Il existe aujourd'hui plus de médias qu'autrefois », explique Lisa. « C'est pourquoi les bibliothèques se transforment en médiathèques. »

« Tu en sais des choses, Lisa », s'émerveille Benni.

« Et moi, je sais que maintenant je vais choisir un jeu pour ordinateur », dit Jens avec un large sourire.

« Tu verras ça après l'école », exige Lisa. « Pour le rallye, il nous faut encore indiquer la cote du CD de *Pierre et le loup* et du DVD *La Conférence des animaux*. »

« Tu n'as qu'à regarder sur l'ordinateur », lance Jens énervé.

Ist das Buch ausgeliehen?

„Benni? Wohin ist Benni verschwunden?“
Lisa und Jens suchten zwischen den CD- und DVD Regalen, konnten ihn aber zunächst nicht entdecken. Als sie um eine Ecke gingen, prallten sie fast mit ihm zusammen.

„Sucht ihr mich?“, fragte er freudestrahlend.
„Das kann man so sehen“, erwiderte Jens trocken.
„Ich habe Frau Burg gefragt, ob *Pu, der Bär* als Hörbuch ausgeliehen ist“, berichtete Benni stolz.
„Na und?“
„Es ist ausgeliehen. Sie hat für mich im Katalog nachgesehen. Weißt du, was man jetzt macht?“

„Du wirst es uns sicher gleich sagen.“
„Man kann *Pu, der Bär* vormerken lassen. Sobald der Benutzer das Hörbuch wieder abgegeben hat, wird es für dich zurückgelegt.“
„Na toll.“
„Das finde ich auch.“
„Aber für eine Vormerkung musst du etwas bezahlen“, fügte Lisa hinzu.

« Benni ? Où est passé Benni ? »
Lisa et Jens le cherchent entre les rayonnages des CD et des DVD, mais sans succès. En tournant au coin, ils se heurtent presque à lui.

Réserver un livre

« Vous me cherchez ? » demande-t-il le sourire aux lèvres.
« Pour ainsi dire », répond Jens sèchement.
« J'ai demandé à Mme Burg si le livre audio de *Winnie l'Ourson* était déjà emprunté », raconte Benni tout fier.
« Et alors ? »
« Oui, il est déjà emprunté. Elle a consulté le catalogue pour moi. Tu sais ce que je peux faire maintenant ? »
« Tu vas sûrement nous le dire ! »
« On peut réserver *Winnie l'Ourson*. Dès que l'usager rapportera le livre audio, il me sera réservé. »
« Super ... »
« Oui, mais tu dois payer pour la réservation », complète Lisa.

Sind wir denn noch nicht fertig?“ Jens verlor allmählich das Interesse. „Immer mit der Ruhe!“, mahnte Lisa. „Die anderen sind bestimmt schon im Veranstaltungsraum. Das ist die letzte Station auf dem Rallyebogen.“

Als sie im Veranstaltungsraum ankamen, hatte Frau Burg noch eine Überraschung: „Der Verein für Leseförderung lädt euch ein, Buchkritiken zu schreiben. Am Freitag liest übrigens Rick Mondi in diesen Räumen aus seinem neuen Kinderroman *Puckobino kennt sich aus*. Darüber dürft ihr auch schreiben. Allen Teilnehmern winken tolle Buchpreise.“

Bevor sie die Bibliothek verließen, sahen sich Frau Wette und ihre Klasse noch die aktuelle Ausstellung an. Hinter Glas lagen und standen Bücher von Erich Kästner in verschiedenen Ausgaben. Gebunden, kartoniert, als Taschenbuch und in mehrere Sprachen übersetzt. Ein Buch hieß *Das fliegende Klassenzimmer*. Zu guter Letzt war Jens dann doch wieder ganz bei der Sache.
„Ein Klassenzimmer, das fliegt wie ein Flugzeug? Darüber schreibe ich meine Kritik – und zwar mit Schülerhilfe im besten Deutsch!“
Jens lieh sich die Bücher sogleich aus. Wie es ging, wusste er ja.

Jens, critique littéraire

Jens commence à s'ennuyer : « On n'a pas encore fini ? »

« On se calme ! » dit Lisa. « Les autres sont sûrement déjà arrivés à la salle de réunions. C'est la dernière étape du rallye. »

Là, Mme Burg leur a encore réservé une surprise.
« L'association pour la promotion de la lecture vous invite à rédiger des critiques de livres. Au fait, vendredi, Rick Mondi va lire des extraits de son nouveau livre pour enfants *Puckobino s'y connaît*. Vous pouvez aussi écrire sur ce sujet. Tous ceux qui participent ont la possibilité de gagner des livres. »

Avant de quitter la bibliothèque, Mme Wette et sa classe vont voir l'exposition actuelle. Des vitrines renferment diverses éditions des livres d'Erich Kästner : des éditions reliées, cartonnées, en livres de poche et en langues étrangères. L'un des livres est intitulé *La classe volante*.

Du coup, Jens se réveille : « Une classe qui vole comme un avion ? Voilà un bon sujet pour ma critique – et sans fautes grâce à un manuel de soutien orthographique ! » Aussitôt dit, aussitôt fait, il emprunte les livres – il sait comment faire !

Was gibt es alles in der Bibliothek?

Was ist ein Magazin?

In den Magazinräumen sind alle Bücher untergebracht, die nicht im Freihandbereich der Bibliothek stehen können – etwa aus Platzmangel. Auch seltene oder wertvolle Bücher werden im Magazin aufbewahrt: Wer ein Buch aus dem Magazinbestand lesen will, muss das am Ausleihtresen anmelden und es sich aus dem Magazin holen lassen. Seltene oder wertvolle Bücher aus dem Magazinbestand kann man meist nicht ausleihen, sondern nur im Lesesaal einsehen. Im Gegensatz dazu umfasst der Leihbestand alle ausleihbaren Medien einer Bibliothek.

Qu'est-ce qu'un magasin ?

Le magasin accueille tous les livres qui n'ont pas trouvé place dans les collections accessibles au public et les livres rares ou précieux. Si on veut consulter un livre placé en magasin, il faut en faire la demande auprès d'un bibliothécaire. En général, les livres rares ou précieux ne peuvent pas être empruntés, il faut les consulter en salle de lecture. En revanche, les collections accessibles au public comportent tous les médias de la bibliothèque.

Was macht die Erwerbung?

Die Bibliothekare in der Erwerbung entscheiden, welche Bücher die Bibliothek kaufen, also erwerben soll. Auch Benutzer können so genannte Anschaffungsvorschläge machen. Vielleicht lässt sich das Wunschbuch dann schon bald ausleihen!

Qu'est-ce que l'acquisition ?

Les bibliothécaires chargés de l'acquisition décident des livres à acquérir, c'est-à-dire à acheter pour la bibliothèque. Les usagers peuvent également faire des propositions ou émettre des souhaits.

Was ist eine Fahrbibliothek?

Eine Bücherei auf Rädern! An bestimmten Terminen fahren Bibliothekare mit ausleihbaren Büchern im Kleinbus oder Lieferwagen durch Ortschaften, die keine eigene Bibliothek haben.

Qu'est-ce qu'une bibliothèque itinérante ?

Une bibliothèque sur roues ! C'est-à-dire qu'un minibus ou une camionnette vient à des dates précises dans les localités dépourvues de bibliothèques et permet aux gens d'emprunter des livres.

Que trouve-t-on dans une bibliothèque ?

Was verbirgt sich hinter OPAC?

OPAC ist eine Abkürzung für die englische Bezeichnung Online Public Access Catalogue. So nennt man den digitalen Katalog, der über Computer abgefragt werden kann. Er listet alle Bücher und andere Medien auf, die in einer bestimmten Bibliothek verfügbar sind.

OPAC, qu'est-ce que ça veut dire ?

OPAC est l'abréviation de l'expression anglaise Online Public Access Catalogue et désigne un catalogue de bibliothèque accessible en ligne. C'est ainsi qu'on nomme un catalogue numérique que l'on peut consulter sur ordinateur. Il répertorie tous les livres et médias d'une bibliothèque.

Wozu gibt es einen Zettelkatalog?

Als es noch keine Computer gab, schrieben die Bibliothekare alle bibliografischen Daten und die Signatur auf handliche Karteikarten. In einigen Bibliotheken findet man diesen Zettelkatalog auch heute noch. Zu den bibliografischen Daten, also den genauen Angaben zum Buch, gehören der Name des Autors, der Titel, der Verlag, der Verlagsort, das Erscheinungsjahr, die Internationale Standard-Buchnummer (kurz: ISBN) und die Standortangabe. Die Zettel sind alphabetisch entweder nach Autoren oder nach Schlagworten zum Buchtitel sortiert.

À quoi sert un fichier papier ?

Avant qu'il n'y ait des ordinateurs, les bibliothécaires consignaient toutes les données bibliographiques et la cote correspondante sur des petites fiches cartonnées. Dans certaines bibliothèques, ces fichiers sont encore utilisés. Les données bibliographiques – la carte d'identité du livre – comportent le nom de l'auteur, le titre, l'éditeur, le lieu d'édition, la date de parution et le numéro d'ISBN (International Standard Book Number ou numéro international normalisé du livre) et les données de base. Les fiches sont classées par ordre alphabétique du nom de l'auteur ou des mots-clés se rapportant au titre.

Wann spricht man von Fernleihe?

Wenn die Bibliothek am Ort ein Buch nicht hat, kann sie es sich aus der Bücherei einer anderen Stadt zusenden lassen. Diese Fernleihe kostet den Benutzer dann eine zusätzliche Leihgebühr.

Pourquoi un prêt interbibliothèques (PIB) ?

Un prêt interbibliothèque est un service qui permet aux usagers d'emprunter un livre qui ne se trouve pas dans sa bibliothèque municipale. Celle-ci demande alors à la bibliothèque d'une autre ville de lui envoyer l'ouvrage. Ce service est payant.

Stadtbibliothek
Bibliothek
7
9
11
12
1

6
4
14
10
2
INFORMATION
3
13
8
5

die Bibliothek *oder* die Bücherei	la bibliothèque
die Fahrbibliothek, 1	la bibliothèque itinérante *ou* mobile, 1
die Kinder- und Jugendbibliothek, 2	la bibliothèque pour les jeunes, 2
die öffentliche Bibliothek	la bibliothèque publique
die Schulbibliothek	la bibliothèque de l'école
die wissenschaftliche Bibliothek	la bibliothèque scientifique

(auf)bewahren	conserver, archiver
ordnen	ranger
sammeln	rassembler
verfügbar machen	mettre à disposition

die Infotheke, 3	l'information [f], l'accueil [m], 3
die Leseinsel	l'espace [m] de lecture
der Lesesaal, 4	la salle de lecture, 4
das Magazin, 5	le magasin, 5
das Regal, 6	le rayonnage, 6
das Schließfach	le casier
der Veranstaltungsraum, 7	la salle de réunions, 7
der Zeitschriftenbereich, 8	le coin des magazines, 8

die Bibliothekarin, 9	la bibliothécaire, 9
die Buchkritik	la critique littéraire
(wieder) einsortieren	classer *ou* ranger
die Leseförderung	la promotion de la lecture
die Lesung	la lecture
der Rallyebogen	le questionnaire (pour le rallye)

ausstellen	exposer
die Benutzernummer	le numéro du lecteur
der Bibliotheksbenutzer, 10	le usager de la bibliothèque, 10
der Leseausweis	la carte de lecteur

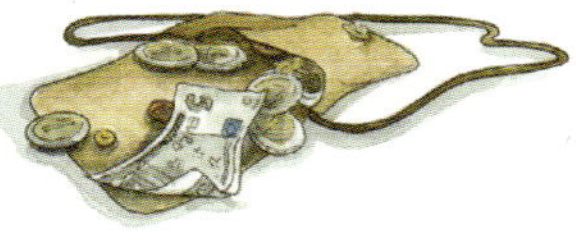

ausleihen	emprunter
der Ausleihtresen, 11	le guichet, 11
die Buchausleihe	l'emprunt [m]
einscannen	scanner
die Leihfrist	le délai de prêt
die Fernleihe	le prêt interbibliotèques (PIB)
die Leihgebühr	la cotisation
die Mahngebühr	la pénalité
das Merkblatt	la fiche d'informations
die Öffnungszeiten	les horaires d'ouverture
die Rückgabe	le retour
verlängern	prolonger
vormerken	réserver
die Vormerkung	la réservation
zurückgeben	rendre

die Anschaffung	l'achat [m]
der Bücherflohmarkt	les livres d'occasion
erwerben	acquérir
die Erwerbung	l'acquisition [f]
das Wunschbuch	le livre souhaité

das Bilderbuch	le livre d'images *ou* l'imagier
das Buch	le livre
der Comic	la BD
das Jugendbuch	le livre ado *ou* le livre jeunesse
das Lexikon	le dictionnaire encyclopédique
das Nachschlagewerk	l'ouvrage ^{m} de référence
der Roman	le roman
das Sachbuch	le livre documentaire
die Schülerhilfe	le livre de soutien scolaire
das Wörterbuch	le dictionnaire *ou* le lexique

anschauen	regarder
blättern	feuilleter
lesen	lire
nachschlagen	consulter
schreiben	écrire
vorlesen	lire qc. à qn.

die CD	le CD
das Computerspiel	le jeu vidéo *ou* le jeu sur ordinateur
die DVD	le DVD
das Hörbuch	le livre audio
die Medien	les médias
die Mediathek, 12	la médiathèque, 12
das Spiel	le jeu
die Zeitschrift	le magazine
die Zeitung	le journal

der Bestand	le stock
der Freihandbereich	les collections en accès libre
der Leihbestand	les emprunts
der Präsenzbestand, 13	les collections à consulter sur place, 13

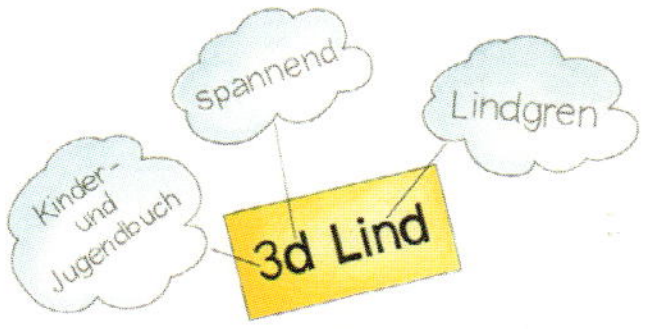

das Fachgebiet	la spécialité
finden	trouver
kennzeichnen	signaler *ou* préciser
der Lageplan, 14	le plan, 14
die Sachgruppe	la catégorie
sortieren	trier
unterteilen	subdiviser

der Computer-Arbeitsplatz	le pôle informatique
digital	numérique
der Eintrag	la note
die Karteikarte	la fiche
der Katalog	le catalogue
der Online-Katalog	le catalogue en ligne
die Suchmaske	le logiciel de recherche
der Zettelkatalog	le fichier (papier)

der Autor *oder* der Verfasser	l'auteur ^{m}
die bibliographischen Daten	les données bibliographiques
das Schlagwort	le mot-clé
die Signatur	la cote
der Standort	le site
der Titel	le titre
der Verlag	la maison d'édition *ou* l'éditeur

BiLi Zweisprachige Sachgeschichten für Kinder

Warum BiLi?

Fremdsprachenkenntnisse sind in den letzten Jahren immer wichtiger geworden. Heute wird in Deutschland in vielen Familien und Freundeskreisen, in Kindergärten und Schulen mehr als nur eine Sprache gesprochen. Und durch Werbung, Radio oder Fernsehen sind Fremdsprachen für uns und unsere Kinder ohnehin allgegenwärtig.

Die frühe Begegnung mit anderen Sprachen wird in der bilingualen Erziehung gezielt aufgegriffen. Wissenschaftliche Studien weisen darauf hin, dass der Fremdsprachenerwerb im Kindesalter, gerade auch in Kombination mit sachbezogenen Themen, besonders erfolgreich verläuft. Durch den Sprachvergleich entwickeln die Kinder zudem ein besseres Gefühl für die eigene Muttersprache. Schließlich fördert das frühe Lernen mehrerer Sprachen auch die kreativen Fähigkeiten der Kinder. Bilinguale Erziehung eröffnet also vielseitige Chancen.

Was ist BiLi?

Begleitet von Experten: Die BiLis wurden in Zusammenarbeit mit Fachleuten aus der wissenschaftlichen Fremdsprachenpädagogik sowie aus der bilingualen Kindergarten- und schulischen Praxis entwickelt.

In BiLi verbindet sich die Idee des frühen Fremdsprachenerwerbs mit dem Lernen von Sachinhalten auf optimale Weise: Die zweisprachigen Sachgeschichten sind in übersichtliche, leicht zu erfassende Erzählabschnitte gegliedert. Die entscheidenden Szenen der Geschichte werden in anschaulich-frischen Illustrationen aufgegriffen, wodurch das Textverständnis zusätzlich erleichtert wird. Ein informativer Rundgang – verbunden mit einer zweisprachigen Wörterliste zum Thema – veranschaulicht das ‚erzählte Wissen' im Gesamtkontext und vertieft die vermittelten Sachinhalte durch zusätzliche Begriffserklärungen.

Was will BiLi?

Grundsätzlich sollen die BiLis Kinder an andere Sprachen heranführen, das kindliche Interesse an Fremdsprachen wecken und einen Impuls für deren frühen Erwerb geben. Bei BiLi steht daher nicht das beharrliche Auswendiglernen von fremdsprachigen Vokabeln im Vordergrund, sondern vielmehr ein gleichsam spielerischer Zugang zu einer anderen, neuen Sprache in einem bestimmten Kontext. Zugleich soll die Muttersprache der Kinder, sei sie nun Deutsch oder eine andere Sprache, gestärkt werden. Und den Eltern – gerade auch in mehrsprachigen Familien bzw. in Familien nicht-deutscher Herkunft – geben die BiLis Gelegenheit, gemeinsam mit ihren Kindern eine neue Sprache für sich zu entdecken oder auch Vergessenes wiederaufzufrischen.

Nicht zuletzt sollen die BiLi-Sachgeschichten wissenswerte Sachinhalte aus der Erfahrungswelt und den Interessen der Kinder vermitteln oder sie in neue, spannende Themen einführen. Sie stellen damit eine zugleich sprachliche wie inhaltliche Bereicherung für die Kinder dar!

Für wen ist BiLi?

Sowohl Kinder, die zum Beispiel durch ihr Familienumfeld bereits Kenntnisse in mehreren Sprachen mitbringen, als auch solche, die erstmalig mit einer anderen Sprache als ihrer Muttersprache in Berührung kommen, können von BiLi profitieren. Natürlich sind genauso alle Eltern, Erzieher und Lehrkräfte angesprochen, die etwas zum frühen Fremdsprachenerwerb ihrer Kinder und Schüler beitragen möchten.

„Die BiLi-Sachgeschichten sind hervorragend geeignet, die Kinder an andere Sprachen heranzuführen…“ – buchinformationen.de

„Eine sehr empfehlenswerte deutsch/englische Sachgeschichte über einen spannenden Museumsbesuch“ – Peter Mayer, Jugendschriftenausschuss des BLLV

„Diese Reihe bietet eine gelungene Ergänzung, den Schulstoff spielerisch und mit Spaß zu vertiefen und sogar etwas mehr…“ – Hoppsala

Wie wird BiLi eingesetzt?

Im Familienumfeld werden die BiLis vorzugsweise gemeinsam gelesen, können aber von älteren Kindern durchaus auch zum ‚Selbststudium‘ verwendet werden.

In Grundschulen werden Kinder mit anderen Muttersprachen zu Sprachmittlern für ihre Mitschüler und Lehrer. Hier können die BiLi-Bücher sowohl im Fremdsprachen- als auch im (Immersions-) Sachunterricht eingesetzt werden.

Darüber hinaus sollen die „Sachgeschichten zur Kultur“ Schüler und Lehrer dazu anregen, durch Schulausflüge und themenbezogene Projekttage kulturelle Einrichtungen für sich zu entdecken, und Möglichkeiten der Freizeitgestaltung aufzeigen. Die BiLi-Bücher können dabei zur Vor- und Nachbereitung von Tagesausflügen an Schulen sowie auch in diversen DaZ-Förderprogrammen verwendet werden.

Schließlich eröffnen bilinguale Projekte im Grundschulbereich die Gelegenheit, Eltern und ältere Geschwister in die Arbeit mit den jüngeren Kindern einzubeziehen. Aus solchen interkulturellen Projekten entstehen oft ganz neue Partnerschaften zwischen Eltern und Schulen.

In Bibliotheken führen die zweisprachigen BiLi-Bücher – etwa durch einen Lesenachmittag in Kooperation mit Schulen – große und kleine Leser deutscher und nicht-deutscher Herkunft nicht nur an die jeweils andere Sprache heran, sondern leisten einen grundlegenden Beitrag zur allgemeinen Leseförderung.

BiLi – Sachgeschichten zur Kultur

Wir gehen ins Fernsehstudio

Wir gehen ins Fernsehstudio

Deutsch mit je einer Partnersprache:
Englisch und Französisch

Wir gehen ins Museum

Deutsch mit je
einer Partnersprache:
Chinesisch, Englisch,
Französisch, Italienisch,
Spanisch und Türkisch

Wir gehen ins Theater

Deutsch mit je
einer Partnersprache:
Chinesisch, Englisch,
Französisch, Italienisch,
Spanisch und Türkisch

KOLLEKTION OLMS junior

Ab 8 Jahre

Kamera läuft! – Lisa, Jens und Benni kommen ins Fernsehen! Die drei Freunde erhalten einen Preis für eine Theateraufführung mit ihrer Klasse. Voller Staunen und Begeisterung erleben sie die abwechslungsreiche Arbeit in einem Fernsehstudio aus nächster Nähe und kommen selbst vor Lampenfieber ganz schön ins Schwitzen.

Tier-Sachgeschichten

Ab 4 Jahre. Deutsch mit je einer Partnersprache.

Englisch

Französisch

Polnisch

Russisch

Spanisch

Türkisch

KOLLEKTION OLMS junior Georg Olms Verlag • Hagentorwall 7 • 31134 Hildesheim • Germany • www.olms-junior.de

Jens

est parfois têtu, mais il est tout à son affaire quand quelque chose l'intéresse vraiment.

Lisa

aime bien montrer tout ce qu'elle sait et en plus, elle est imbattable en amitié.

Benni

est parfois un peu maladroit mais toujours de bonne humeur.